LES BIBLIOGRAPHIES NOUVELLES
(Collection du *Bulletin du Bibliophile*)
N° II

J. MATHOREZ

MATHURINE

ET LES

LIBELLES PUBLIÉS SOUS SON NOM

PARIS
HENRI LECLERC
LIBRAIRE DE LA BIBLIOTHÈQUE NATIONALE
219, RUE SAINT-HONORÉ, 219

1922

MATHURINE

ET LES

LIBELLES PUBLIÉS SOUS SON NOM

EXTRAIT

DU

BULLETIN DU BIBLIOPHILE

TIRÉ A 60 EXEMPLAIRES

J. MATHOREZ

MATHURINE

ET LES

LIBELLES
PUBLIÉS SOUS SON NOM

PARIS
HENRI LECLERC
LIBRAIRE DE LA BIBLIOTHÈQUE NATIONALE
219, RUE SAINT-HONORÉ, 219

1922

MATHURINE ET LES LIBELLES PUBLIÉS SOUS SON NOM

A M. Fernand Vandérem.

Les renseignements que l'on possède sur Mathurine sont beaucoup plus rares que ceux qu'il a été possible de réunir sur Chicot ou Maître Guillaume. On ne sait de quelle province elle était ; on ignore la date de sa naissance et il est impossible de fixer, même approximativement, l'époque à laquelle elle fut attachée à la Cour avec le titre de folle. Nonobstant cette absence de précisions, il a paru curieux de rassembler les données que l'on possède sur cette femme qui joua un rôle épisodique à la cour de Henri IV et de Louis XIII et de dresser une bibliographie des libelles parus sous son nom.

*
* *

Tallemant des Réaux ne consacre à Mathurine que deux ou trois lignes : il dit « Mathurine avait été folle puis guérie, mais non pas parfaitement ; il y avait quelque chose qui n'allait pas bien. Elle continua à faire la folle et portait un chaperon (1) », c'est-à-dire

(1) Tallemant des Réaux, *Historiettes*, édition de P. Paris et Monmerqué, t. I, p. 136.

un bonnet à oreillettes. A l'époque à laquelle quelques rares documents commencent à mentionner Mathurine, il semble qu'elle était surtout excentrique personne et prêtait à rire par son costume et ses réparties. Le plus souvent, elle sortait à cheval vêtue d'une robe de velours vert (1) ou habillée en homme et armée d'une épée. L'auteur de *La Sagesse approuvée de Madame Mathurine* décrit ainsi son accoutrement :

Quelque ignorant dira : mais cela n'est pas beau
Contre l'ordre commun voir porter un chapeau
Une épée, un pourpoint. Fi le fait est infâme
Las s'il scavoit sonder la vertu aux efforts
Il verroit que d'un homme elle tient tout le corps
Fors le bas, seulement qu'elle tient d'une femme.

Elle porte un chapeau comme une sage done
Elle porte un tranchant comme une autre Amazone,
Signal très assuré d'un esprit courageux ;
Pentasilée estoit au Premier Alexandre,
Mathurine au dernier sacrifie sa cendre
Juge, lecteur, qui est la plus digne des deux (2).

L'habitude que Mathurine avait contractée de revêtir un costume quasi-militaire provenait sans doute de ce qu'elle avait un instant suivi le régiment de Picardie comme « goujate » (3). Ce régiment était au camp, sous Paris lorsque Henri III fut assassiné : des premiers, il reconnut Henri de Navarre pour roi de France. Il accompagna ce prince dans son expédition de Normandie, revint ensuite au siège de Paris puis, après avoir défendu Pontoise contre le duc de Mayenne

(1) *Confession catholique du sieur de Sancy*, livre II, ch. Ier, *Dialogue de Mathurine et du jeune du Perron*, édition P. Marteau. Cologne, 1599.

(2) *La Sagesse...* voir *infra* : Bibliographie.

(3) *Confession catholique...*, *loc. cit.*

il prit part à toutes les campagnes de Henri IV jusqu'à son entrée solennelle dans Paris en 1594. Il se trouva à cette cérémonie (1). Au cours de l'un des combats du régiment de Picardie Mathurine avait reçu un coup d'arquebuse (2).

La tenue que l'excentrique avait pris l'habitude de revêtir lui valait maints sarcasmes de la part des gamins de Paris, quand ils la rencontraient aux environs du Louvre ou du Pont Neuf, ils lui criaient : « Aga Mathurine ! Aga ». Mais elle de s'en soucier n'avait cure. Elle allait répétant « Baste, si je suis folle, c'est à l'occasion, laquelle j'ay sceu empoigner si bravement qu'il m'en revient tous les ans plus de vingt et treize jacobus de rente foncière, sans compter les tours de baston (3) ».

En réalité, Mathurine qui, d'après les *Caquets de l'Accouchée* « était aussi malicieuse qu'un vieux singe (4) » donna maintes fois des preuves de son sang-froid, de son esprit naturel et de son savoir faire lorsqu'il s'agissait de ses intérêts pécuniaires. Elle justifia ce qu'elle disait d'elle-même.

Henri IV aimait à avoir dans son entourage des personnages qui l'amusaient. Étant en Normandie, il avait réclamé le brave capitaine Chicot dont la vaillance et l'esprit lui plaisaient ; du cardinal de Bourbon, il avait accepté Maître Guillaume qui devint fou en

(1) L. Susane, *Histoire de l'Ancienne infanterie française*, t. II, p. 243.

(2) Aux mains coquin ! Voilà Flamberge qui en fera raison. Ne te joues pas à moy. Ne scais tu pas que j'ay une arquebusade au travers de la cuisse et que je suis soldate. — Je scay bien que tu as été goujate et que tu as couru le régiment de Picardie. *Confession catholique*, édition citée. *Dialogue cité.*

(3) *Les Essais de Mathurine*, p. 261.

(4) *Caquets de l'Accouchée*, édition Elzévirienne, p. 168.

titre de la cour. Très vraisemblablement, Mathurine qui était sans doute attachée à la cour de Henri III sentit sa situation chanceler après l'assassinat du roi. La Ligue n'avait que faire de personnages de sa sorte. Elle prit délibérément son parti, s'enròla dans Picardie, régiment anti-ligueur et par son astuce, parvint à gagner les bonnes grâces du futur souverain. Sa situation, dès lors, était consolidée. De 1594 à 1610, elle vécut particulièrement avec Henri IV.

Au soir de son retour au Louvre, elle était avec lui ; entre elle et le roi se créa une intimité que nous comprenons mal actuellement. Mathurine avait à la cour ses libres entrées, elle partageait le repas du roi. Pierre Colins, venant rendre hommage à Henri IV pour la terre d'Enghien la vit dîner avec lui (1). Fréquemment, elle se trouvait à ses côtés. Le mardi 27 décembre 1594, Mathurine était avec Henri IV dans la chambre de Mme de Liancourt où se trouvaient également quelques seigneurs. Du Chatel s'était faufilé dans l'assistance et profitant d'une distraction du roi, il lui porta un coup de poignard qui le frappa à la lèvre haute et lui brisa une dent. « A l'instant, le roy qui se sentoit blessé, regardant ceux qui estoient autour de lui et aiant advisé Mathurine, sa folle, commença à dire : Au diable soit la folle ! Elle m'a blessé. Mais elle, le niant, courust tout aussitôst fermer la porte et fut cause que le petit assassin n'eschappât, lequel aiant esté saisi, puis fouillé, jetta à terre son cousteau encor tout sanglant dont il fut contraint de confesser sa faute sans autre force (2). »

(1) P. Colins, *Histoire des choses les plus mémorables de ce temps*, p. 729.

(2) P. de L'Estoile, *Mémoires Journaux*, édition Lemerre, t. IV, p. 247.

A la suite de cette tragique aventure, les relations de Henri IV et de Mathurine se resserrèrent. Du roi, la folle de cour obtenait aisément quelques faveurs ; on ne l'ignorait point dans le public et des services qu'elle rendait, Mathurine tirait profit. Le jeudi 19 septembre 1596, le roi dînait avec elle aux Tuileries « moïennant cinq cents écus qu'on leur promist, elle fist parler au roy (encores qu'il l'eust expressément défendu) Mlle de Planci, femme du contrôleur de Bès, de laquelle le mari estoit appelant de la mort pour avoir rompu les coffres de son beau-père où estoient les deniers du roy. Ceste damoiselle qui estoit fort belle et honneste estant devant le roy s'esvanouit en lui présentant son placet... le roy lui mesme la releva et lui fit apporter du vin et estant touché de commiseration sur elle, luy accorda la grâce qu'elle lui demandoit... (1) »

Mathurine suivait la cour dans tous ses déplacements. On la trouve à Fontainebleau au mois de juin 1606. Le fils d'un laboureur des environs de Melun, âgé de six ans était monstrueux pour son âge « Aiant esté amené et présenté au roy à Fontainebleau, il fut donné par S. M. à Mathurine pour le lui garder disant qu'il en vouloit avoir de la graine (2). »

Sur l'intimité du roi et de sa folle, sur la liberté dont Mathurine jouissait à la cour, on possède des indications autres que celles rapportées par Pierre de l'Estoile. Les historiens qui ont dit quelques mots de Mathurine n'ont pas connu les détails que donne Héroard dans son Journal de la santé de Louis XIII (3).

(1) P. de l'Estoile. *Mémoires Journaux,* édition Lemerre, t. VII, p. 71.

(2) *Id., Ibid.,* t. VIII, p. 316.

(3) *Journal de Jean Héroard* (1601-1628), édition E. Soulié et É. de Barthélémy. Paris, 1868, 2 vol.

Alors qu'il était encore tout petit enfant, le Dauphin supportait difficilement la vue de Maître Guillaume, dont la tête chauve et le visage sans barbe lui faisaient peur. De même, il n'aimait point Olyvette, folle de feu Mme de Bar ; Mathurine, au contraire trouvait grâce devant lui. Elle tutoyait l'enfant et alors qu'il était à peine âgé de trois ans, lui posait des questions saugrenues. Le mercredi 9 juin 1604 (1), elle l'abordait par ces mots « Viens ça : seras-tu aussi ribaud que ton père? » Sans doute l'enfant rougit-il avec innocence mais ayant réfléchi, il répondit froidement « Non ».

Louis XIII enfant songeait souvent à Mathurine. Sa gouvernante, Mme de Montglat, Mamanga comme il la nommait, lui exerçait l'esprit en lui apprenant des sentences. A celle-ci : l'homme fol se fait connaître à ses propos le Dauphin répondait : « Vela pour Maître Guillaume » et à cette autre : la femme folle fait toujours beaucoup de bruit, il disait : « Vela pour Mathurine (2) ». Dans des distributions de rôles à des dames de la cour désireuses de jouer la comédie, le Dauphin donnait celui de Mathurine à certaines personnes de son entourage.

Désirait-on que l'enfant se tînt tranquille, on lui donnait pour compagne Mathurine. Le 5 mai 1607, note Héroard « le roi joue assis pour être peint au crayon par M. Decourt, peintre du roi : pour l'arrêter Mathurine fait chanter trois petits garçons, rien ne l'arrêtait tant que la musique. Il l'écoutait avec transport (3) ».

Au lendemain même de l'assassinat de Henri IV, Mathurine soupait en tête à tête avec le jeune roi ; le

(1) Héroard, *op. cit.*, t. Ier, p. 69.
(2) Héroard, I, p. 198.
(3) *Id.*, I, p. 263.

18 mai 1610 « Louis XIII soupa avec des prunes de Brignole confites, il en donna quatre à la folle(1) ».

Durant un espace de dix ans, nul contemporain ne souffle mot de Mathurine. Les Concini absorbent l'attention ; il est possible que la folle se soit tenue un peu à l'écart entre les années 1610 et 1617 pour ne pas compromettre sa situation en déplaisant à la Galigaï. Néanmoins, elle continua à vivre à la cour. Au moment où la faveur du maréchal d'Ancre commença à décroître, Mathurine s'attacha au parti du duc de Luynes. Bassompierre écrit dans ses mémoires, sous la date du mois de février 1617 : « Au mesme mois un nommé Bestoy vint dire exprès en mon logis où il fut envoyé par Luynes que la reine mère venait de chasser Luynes pour avoir voulu enlever le roy et l'emmener hors de Paris et du pouvoir de la reine mère et Mathurine, envoyée à mesme effect à mon logis en partit pour venir tout esplorée le dire au roy et à Luynes qui fit croire au roy que c'estoit le maréchal d'Ancres quy faisoit courre ce bruit pour voir comme S. M. le prendroit pour ensuite l'exécuter (2). »

Les Concini disparus, Mathurine dut reprendre avec le roi toute liberté. A la fin de novembre 1617, Louis XIII était à Dieppe ; la folle l'accompagnait. Elle était logée à l'*Écu de Bretagne* (3). Le 30, au soir, Mathurine emmena son hôtesse assister au dîner du roi et celle-ci lui tint ces propos : « Dieu vous donne bonne vie et longue, Sire. Autrefois j'ai baisé votre père mais je vois bien que je ne vous baiserai pas. Que Dieu vous bénisse, Sire, et vous maintienne longuement. »

(1) *Id.*, II, p. 4.

(2) Bassompierre, *Mémoires*, édition de la Société de l'histoire de France, 1873, t. II, p. 112.

(3) Héroard, II, p. 218.

Comme folle en titre Mathurine touchait pension ; on lui servait des gages annuels ; en 1622, elle recevait une rente de 1 200 livres (1). Vivant à la cour, elle était généralement bien renseignée sur les intrigues qui s'y tramaient. La cinquième journée des *Caquets de l'Accouchée* nous en donne la preuve (2). La conversation entre les visiteuses de la jeune accouchée était déjà engagée lorsqu'arriva « Mathurine, qui, courtoisement fit la révérence à chacune particulièrement dès l'entrée de la chambre puis s'approcha du lit de l'accouchée pour s'enquérir de sa disposition : après quoy, elle print place et en compta des meilleures pour esgayer la compagnie, donnant néantmoins en passant un lardon à celles qui le méritoyent. »

« Mme de Verneuil, qui naguères estoit arrivée, la voulut faire jazer pour s'en donner des passe-temps, mais elle, qui est aussi malicieuse qu'un vieux singe, après avoir récité quelques sornettes, elle ne feignit que de rechercher le moyen de la picquer, parlant de la chasteté des courtisanes et sur tout mettant sur le tapis le mérite et les bonnes grâces de M. de Bassompierre pour raison desquelles le roy l'avoit qualifié d'un brevet de mareschal de France : ce que l'on feignit pourtant d'escouter, affin d'obliger aucunement la dite marquise qui ne peut l'aymer à cause de sa sœur. Mais aussi, elle partie, Mathurine fut conjurée à double carillon de dire au vray si ledit sieur de Bassompierre seroit mareschal de France et qui fut la plus portée à ceste curiosité, ce fut madamoiselle

(1) N. Remond, *Sommaire traité du revenu*, édition de 1622 dans *Variétés historiques et littéraires*, t. VI, p. 129.

(2) *Caquets*, édition citée. L'anecdote se place en 1622 ; les Caquets ont paru sous cette date et Bassompierre ne fut nommé maréchal qu'après l'affaire des Sables-d'Olonne.

nostre conseillère »... « Suivant donc que Mathurine fut interrogée si monsieur de Bassompierre seroit mareschal, il faut croire qu'elle dégoisa de luy plusieurs discours et les causes qui avoient meu le roy de le qualifier de ce grade honorable : premièrement, que ses perfections y avoient fort opéré et puis ses agréables services, notamment ceux qu'il avoit rendus à S. M. au siège de Montauban. »

*
* *

Quand elle ne hantait la cour Mathurine paillardait. Elle fréquentait les mauvais lieux avec son ami Maître Guillaume. Tous deux s'entendaient fort bien en général. Il advint cependant un jour que Mathurine ayant présenté au roi Henri IV un nouveau bouffon du nom de Billard (1), Guillaume en prit ombrage car il tenait autant à sa situation que Mathurine tenait à son titre de folle de la cour, mais ce nuage dura peu et après quelques semaines, tous deux reprirent leur existence de promenades à travers Paris. Que Mathurine ne fut point folle au sens propre de ce vocable, le fait est certain, mais qu'elle fut ribaude, on peut l'affirmer sans crainte. On en va donner la preuve.

Mathurine reprochait aux Ligueurs leur fanatisme et aux protestants leurs mœurs sévères ; elle exécrait les uns et les autres. Sur les réformés, elle partageait l'avis du *Lunatique* disant à Maître Guillaume : « Tu fais bien de ne les aimer pas ; le diable même ne les voit qu'à regret car s'ils étaient cru, ils rendraient l'Enfer presque aussi désolé que le Purgatoire. S'ils

(1) J. Mathorez, *Bibliographie de Me Guillaume*, dans *Revue des Livres anciens*, fascicule III, p. 336, note 1.

étaient cru, on réformerait tout le monde, la cour et les bordeaux ; on retrancherait les fous et les bouffons. Et pauvre Mathurine, pauvre Angoulevent, pauvre Maître Guillaume... où seraient vos pensions désormais. »

A tort ou à raison, Mathurine passait pour avoir converti quelques huguenots ; elle était pour ainsi dire associée dans ses entreprises de convertisseuse avec Jean Davy du Perron, sieur de la Guette, frère cadet de l'évêque d'Evreux et homme de mince moralité. Or, Bertrand de Vignoles, brave capitaine, avait envie d'épouser Marguerite de Balaguyer, veuve en secondes noces de Charles de Montluc, petit-fils du maréchal. Il était huguenot, la dame catholique. Il lui fallut se convertir. Il se fit catéchiser par Mathurine et du Perron. C'est à l'occasion de cette conversion que l'auteur de la *Confession catholique du sieur de Sancy* met en scène ces bizarres apôtres.

Mathurine sort de chez Mme de Montluc, elle vient d'enseigner Vignoles ; à ce moment advient du Perron. Tous deux entrent en discussion au sujet de la conversion de M. Sainte Marie du Mont qui, en l'an 1600, avait changé de religion. Mathurine et du Perron veulent mutuellement se donner les gants de cette conversion, la querelle s'envenime et du Perron jette à la face de Mathurine ces injures : « Et pour toy, comment oses-tu parler qui couches avec les laquais, pages et suisses ? Tu as donné un chancre au Pont du Courlay et à Angoulevent la v.... Le pis est que tu es bougresse car tu as gagné le cheval et la robe de velours vert en paiement du pucelage de ton petit à M. le Grand, sans rien nommer. » La conversation continue sur ce ton (1).

(1) *Dialogue* cité dans *Confession catholique*..

Tout en faisant à la colère de du Perron sa part, il est difficile de présenter Mathurine comme un parangon de vertu.

Son immoralité nous est attestée par Tallemant car il affirme qu'elle « portoit des poulets et qu'à faire le métier elle amassa du bien. »

Si impénétrables que soient les desseins de la Providence, on s'étonne que cette ribaude ait cru devoir être l'élue chargée d'entreprendre des conversions. Il ne faut cependant point être surpris. Fous et folles en titre étaient propres à toutes besognes. Tour à tour, ils excitent le rire, espionnent, mouchardent, servent les plus basses intrigues de galanterie et maintes fois ils sont chargés de missions que des personnages officiels ne se soucient pas de remplir. Désirait-on pour des motifs politiques obtenir une conversion, on chargeait un bouffon de tenter l'entreprise, on était toujours à même de le désavouer.

A quel âge décéda Mathurine, on ne le sait. Elle était morte avant l'année 1627 car Ogier dans l'*Apologie pour Balzac* qui parut cette même année parle de cette folle à gages comme ayant quitté la scène du monde (1). A sa mort, Mathurine laissait un fils qui fut un admirable joueur de luth, on l'appelait Blanc-Rocher (2).

*
* *

De son vivant, Mathurine jouit de notoriété. Au milieu du XVIIe siècle, elle n'était pas encore oubliée. Après avoir fait assassiner Monaldeschi, Christine de Suède se préparait à revenir à Paris ; pour populariser

(1) Ogier, *Apologie pour Balzac*, p. 100.
(2) Tallemant des Réaux, *Historiettes*, t. I, p. 136.

la nouvelle de son crime et la forcer à quitter Paris au cas où elle n'aurait pas craint d'y venir, Mazarin fit préparer contre elle un pamphlet : *La Métempsycose de la reyne Christine.* Deux jeunes hommes hollandais, les frères de Villers, qui séjournèrent à Paris de 1656 à 1658 rapportent, sous la date du 5 décembre 1657, « nous apprismes que l'on avoit préparé icy un joly escrit pour en régaler la reyne Christine. si elle y fust venue. Il devoit avoir pour tiltre *La Métempsycose de la reyne Christine.* On y eust veu quantité de jolies choses et entre autres belles âmes on luy donnoit celle de Semiramis qui se travestissoit si bien... la dernière âme qu'on lui donne est celle de Mathurine, cette gentille folle de la vieille cour (1). »

Que la renommée de Mathurine se soit conservée, à cela rien de surprenant. Au début du XVIIe siècle, libellistes et pamphlétaires avaient publié sous son nom quantité de pièces fugitives, tant et si bien qu'on appela *maturinades* des satires burlesques. De ces pièces, la plupart, sans doute, sont perdues car on n'a pu décrire qu'un petit nombre d'entre les opuscules parus sous le pseudonyme de Mathurine. Ils n'offrent point pour l'histoire du début du XVIIe siècle un intérêt égal à ceux qui furent publiés sous le nom de Maître Guillaume ; néanmoins ils contiennent des allusions qui les rendent parfois piquants ; en général ces libelles sont fort grossiers.

I.

LE SOLDAT || FRANÇOIS. Ensemble M. Guillaume : la responce || au dit M. Guillavme. La Réplique mo||deste :

(1) P. Faugère et L. Marillier, *Journal du voyage de deux jeunes Hollandais à Paris.* Paris, 1899, p. 369.

l'apointement fait par Ma||-thvrine entre le soldat françois || & M. Gvillavme : et autres res||ponses et discours sur le même sujet. || *Le tout reveu, corrigé, et mis en meilleur ordre* || qu'auparavant. || Avec les portraits des personnages au devant de || chascun discours. || M D C V. = 256. pp. in-12. [Bib. Nat. Lb[35]. 797].

Ce recueil collectif dont il a été donné une description antérieure (1) se rapporte à la querelle du Soldat françois. Contre le Soldat françois partisan de la guerre à l'Espagne s'était élevé M. Guillaume ; pp. 237-240 du recueil, se lit : l'*Appointement* || *de querelle* || *par Mathurine*. Conformément à la tradition Mathurine est représentée armée d'une épée. Elle s'efforce de réconcilier Guillaume et le Soldat françois. Mathurine donne aux deux adversaires de sages conseils et engage le partisan de la guerre à aller aider les maçons qui travaillent au bâtiment de la belle galerie royale. « Quant à vous, M. Guillaume, contentez-vous comme moi de cet estat honorable où nous sommes, sans plus vous amuser à mettre vos rêveries par écrit. »

2.

La grande || Dispute || du Soldat || françois *et de Guillaume contre Mathvrine.* || *Ensemble leurs responces* || Jouxte la coppie imprimée à Paris || MDCXVII. *Avec permission.* 1 feuille de titre non chiffrée et 14 pp. in-8. [Bib. Nat. Lb[35]811].

Réimpression sans indication de lieu ni d'imprimeur

(1) J. Mathorez. *A Propos d'une campagne de presse contre l'Espagne. Bul. du Bibliophile*, 1913.

d'une partie du recueil imprimé en 1605. On y trouve in fine : *Discours de Mathurine. Vers adressés à Mathurine.*

3.

La Sagesse approuvée de Mathurine.

Cette pièce parut au cours de l'été 1608. Pierre de l'Estoile l'acheta au mois de septembre de cette année (Estoile, Mém. Journaux, t. IX, p. 125).

Elle est écrite en vers.

Ed. Fournier l'a connue, il en cite quelques extraits p. 274 du tome VIII des *Variétés historiques et littéraires*. Cette fadaise, comme la dénomme P. de l'Estoile, ne figure pas dans les collections de la Bib. Nationale, de l'Arsenal et de la Mazarine.

4.

Le || Feu de joye || de Mme Mathurine || *où est contenu la grande et mer||veilleuse réjouyssance faicte sur|| le retour de M. Guillaume, revenu de l'autre monde.* A Paris | nouvellement imprimé || 1609 = in-8. 6 f. chiffrées, feuilles 1, 2, 3, 4, imprimées à 20 lignes, feuilles 5 et 6 à 22 lignes [Bib. Nat. Y² 33478].

Cette pièce a été publiée par E. Fournier dans *Variétés historiques et littéraires,* tome VIII, p. 271.

Elle contient quelques allusions à des personnages de la Ligue et notamment à Génebrard. Une fois de plus on y voit que Mathurine était une ennemie des ligueurs. « Suis-je pas ceste Mathurine qui ay renversé les escadres les plus animez de la ligue, quy ay tousjours montré que j'estois une autre Pallas, que d'une main je portois la lance et l'estoc et de l'autre l'olive. »

5.

Les || Essais de || Mathurine || = s. l. n. d., in-8, de 16 p. [Bib. Nat. Y². 33178].

Cette pièce a été publiée par E. Fournier à la suite de son édition des *Caquets de l'Accouchée*. Paris, 1855, p. 261.

6.

Les lamentables regrets de Mathurine sur la mort de Maistre Guillaume. 1609.

Cette pièce citée par Ed. Fournier ne figure dans aucune des grandes bibliothèques de Paris. D'après un ouvrage anecdotique mais entièrement écrit de seconde main (Canel, *Recherches historiques sur les fous des rois de France*. Paris, 1873, p. 221) *Les Lamentables regrets* et le *Feu de joye*... feraient partie avec trois autres pièces publiées sous le nom de Maître Guillaume d'un recueil collectif, avec pagination suivie, sans titre général.

Les recherches pour retrouver ce recueil n'ont pas donné de résultat. Il ne figure pas dans le catalogue de la Collection Leber.

7.

La || Cholère || de || Mathvrine, contre || les Difformes Re||formateurs de la France, *A sa grande*

Amye. A PARIS || chez JEAN MILOT impri||meur et libraire demeurant || vis-à-vis des Augustins. MDCXV. = in-8, 8 ff. avec privilège in fine.

Pièce dirigée contre les protestants qui s'occupent de réformer la Gascogne et se livrent à la propagande vis-à-vis des religieux. La pièce est très grossière et les mots les plus orduriers s'y rencontrent.

8.

Mathurine a encore été mise en cause dans diverses pièces.

Le chapitre Ier du livre II de la *Confession catholique du Sieur de Sancy* met en scène du Perron et la folle de Henri IV.

Dans les pièces parues sous le nom de Maître Guillaume il est fréquemment question de Mathurine ; c'est à elle qu'est adressée la pièce suivante : *Les Bigarrures de Maistre Guillaume envoyées à Mme Mathurine sur le temps qui court* (1620). Le Libelle signalé dans le catalogue de la collection Leber sous le n° 4292 appartient à la Bibliothèque de Rouen.

CHARTRES. — IMPRIMERIE DURAND, RUE FULBERT.

www.ingramcontent.com/pod-product-compliance
Lightning Source LLC
LaVergne TN
LVHW052032160826
845678LV00003B/1301

* 9 7 8 2 3 2 9 6 4 2 1 9 2 *